AF369657

# GASTON VUILLIER

~~~~~~

TYPES ET PAYSAGES
DE L'ILE MAJORQUE
(BALÉARES)

~~~~~~

## AQUARELLES

## DESSINS TEINTÉS

## DESSINS

~~~~~~

### HOTEL DROUOT, SALLE Nᵒ 11

LE VENDREDI 3 AVRIL 1903

À 2 HEURES 1 2

~~~~~~

Mᵉ **Léon TUAL** | **M. VANNES**

COMMISSAIRE-PRISEUR | EXPERT

*56, Rue de la Victoire, 56* | *54, Faubourg-Montmartre*

~~~~~~

EXPOSITION PUBLIQUE

**LE JEUDI 2 AVRIL 1903**

DE 2 A 5 H. 1 2
~~~~~~

PARIS. — IMPRIMERIE ARTISTIQUE MÉNARD ET CHAUFOUR

# A Mon Ami Vuillier .

Tout le monde a goûté au Haschich, cette jolie
confiture verte extraite du chanvre du Bengale —
chacun sait en quels rêves intenses et doux nous
transporte cette merveilleuse panacée de la vie.

Comme le vent se joue d'une plume, elle nous egare
dans la magie des lumières et des couleurs et, dans
le soleil qui ruisselle la vie s'élargit à l'infini, les sensations s'avivent, s'agrandissent, les horizons cha-
toyants fuyent dans l'immensité.

Alors, dans les vapeurs caressantes exhalées par
une terre embaumée, le sourire perlé de blanches
dents fait éclater le corail des lèvres, et des étincelles
passent dans le velours de sombres prunelles qui nous
convient.

C'est la magie du décor, l'ennoblissement des êtres,
c'est le rêve de gloire et de grandeur, la douceur
moite des transparentes nuits de mai succédant tout-
à-coup au soleil fulgurant, créateur de la vie.

C'est la splendeur du Nirvanah, l'éternelle béati-
tude, l'affranchissement terrestre, l'épanouissement
de la beauté parfaite dans les somptueuses manifes-
tations de l'art.

Voilà ce que donne le Haschich, tout le monde le
sait.

Mais ce que certains ignorent et qu'il faut leur
apprendre c'est que vos aquarelles, mon cher Vuillier,
nées au soleil étincelant les Baléares et faites de
rayons, donnent les sensations délicieuses et récon-
fortantes de la plante de Bengale.

Seulement avec le perfide Haschich il faut s'arrê-
ter vite, tandis qu'on peut vivre le rêve avec vos
aquarelles.

Vous m'avez demandé une préface, mon cher ami,
dont votre talent se fût très bien passé. J'ai parlé du
Haschich qui éveille les sensations enchanteresses
mais elles sont passagères tandis que le velours et
l'éclat de votre palette charmeront pour toujours.

E VEY.

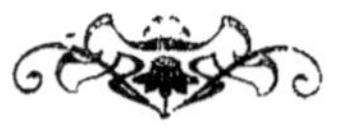

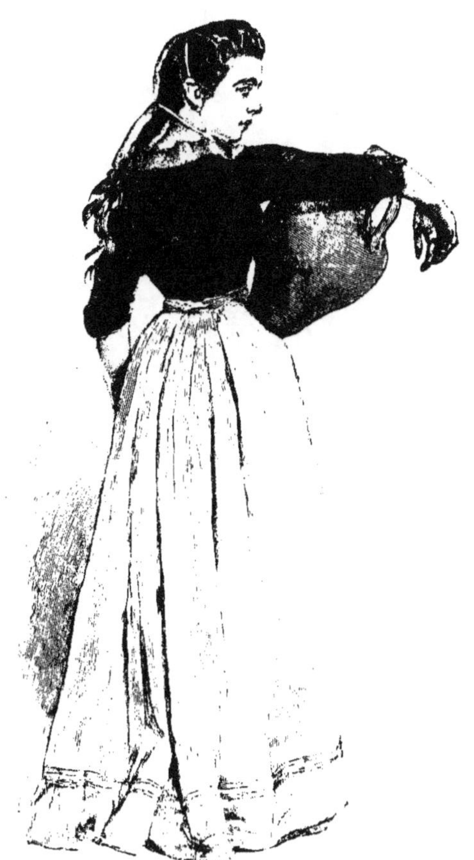

CANÉPHORE

Nº 1

# DÉSIGNATION

## AQUARELLES

1 — Canéphore.

2 — Rêve Hispano-Arabe.

3 — Glaïeuls des champs.

4 — Le lys mystique.

5 — Reflets de majoliques.

6 — Antique luminaire.

7 — Parfum d'oranges.

8 — Fleurs du premier printemps.

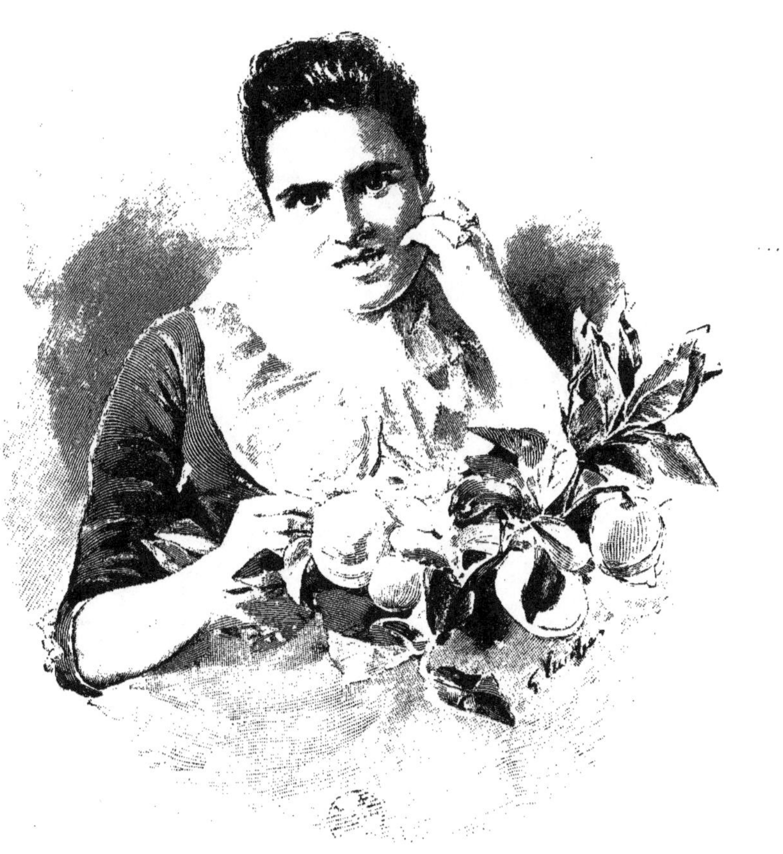

MARCHANDE DE CITRONS

N° 15

26 — Mer de nacre.

27 — Le rivage du Nord à Majorque.

28 — Coin de ferme.

29 — Le cloître de Raymond Lulle à Miramar.

30 — Brume et soleil.

31 — Un manoir à Majorque.

32 — Les blés d'or.

33 — Soleil d'hiver dans la sierra.

34 — Rivage d'azur.

35 — Valldemosa.

36 — Vision de lumière à Miramar.

37 — Mer d'azur.

38 — Paysage de la sierra.

39 — Le renouveau.

40 — Lointain promontoire.

41 — La chartreuse de Valldemosa.

42 — Olivier des hauteurs.

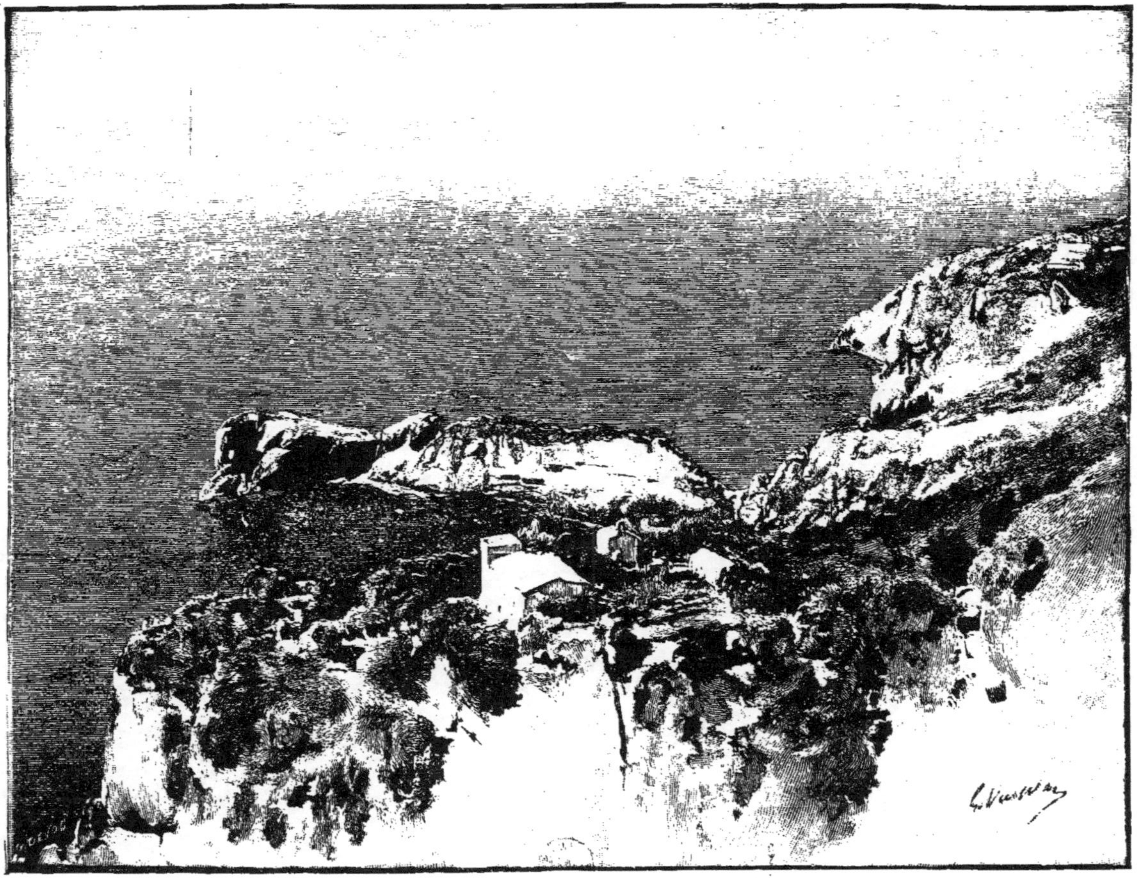

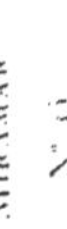

MIRAMAR

# DESSINS TEINTÉS

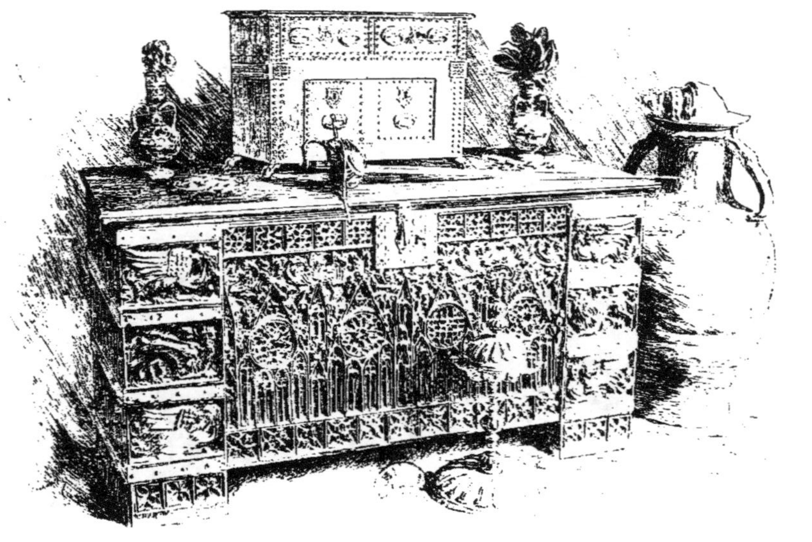

# DESSINS EN NOIR

www.ingramcontent.com/pod-product-compliance
Lightning Source LLC
LaVergne TN
LVHW021915180726
843502LV00008B/3077